Bouesse Arafat NZABA M.

Murmure dans le vent : Les poésies

Bouesse Arafat NZABA M.

Murmure dans le vent : Les poésies

Éditions Muse

Imprint
Any brand names and product names mentioned in this book are subject to trademark, brand or patent protection and are trademarks or registered trademarks of their respective holders. The use of brand names, product names, common names, trade names, product descriptions etc. even without a particular marking in this work is in no way to be construed to mean that such names may be regarded as unrestricted in respect of trademark and brand protection legislation and could thus be used by anyone.

Cover image: www.ingimage.com

Publisher:
Éditions Muse
is a trademark of
Dodo Books Indian Ocean Ltd. and OmniScriptum S.R.L publishing group

120 High Road, East Finchley, London, N2 9ED, United Kingdom
Str. Armeneasca 28/1, office 1, Chisinau MD-2012, Republic of Moldova, Europe
Printed at: see last page
ISBN: 978-620-4-96433-1

Murmure dans le vent : Les poésies

Par NZABA Arafat

"Murmure dans le vent : Les poésies" est un recueil de poèmes envoûtants qui vous transportera dans un monde empli d'émotions et de réflexions profondes. L'auteur, NZABA Arafat, puise son inspiration dans les beautés et les vicissitudes de la vie, pour vous offrir une œuvre poétique d'une rare intensité.

De la mélancolie à la joie, de la tristesse à l'espoir, chaque poème est un voyage à travers les différentes facettes de l'âme humaine. Les mots s'enchaînent avec grâce pour former des vers qui résonneront en vous longtemps après la lecture.

À travers ses poèmes, NZABA Arafat explore des thèmes universels.

Mais au-delà de la thématique, c'est l'émotion qui transpire de chaque ligne, qui fait de "Murmure dans le vent : Les poésies" un livre à la fois poignant et inspirant.

Alors plongez-vous dans les vers de NZABA Arafat et laissez-vous porter par le calme de son univers poétique. "Murmure dans le vent : Les poésies" est un ouvrage à offrir ou à s'offrir, pour tous les amoureux de la poésie et les passionnés de la beauté des mots.

1- La Guerre

La guerre est un fléau sur notre terre
Qui détruit tout ce qui est cher
Les vies, les âmes, les espoirs
Tout est broyé dans le désespoir

La guerre n'a jamais apporté
Que misère et destruction, jamais paix
Elle déchire les nations, les familles
Et laisse derrière elle que des ruines et des cendres

Nous devons nous unir pour la paix
Rejeter la guerre et la violence à tout jamais
Construire ensemble un avenir meilleur
Et bâtir des ponts de fraternité et de bonheur

2- Les Enfants de la Guerre

Les enfants de la guerre sont les plus touchés
Par les horreurs que la guerre a engendrées
Ils sont pris entre deux feux
Sans espoir de voir leur avenir heureux

Ils sont privés d'éducation, de nourriture, de soins
Ils sont témoins des violences et des crimes
Ils ne connaissent que la peur et la souffrance
Et leurs rires se sont transformés en silence

Nous devons les protéger et les aider
Leur offrir un avenir de paix et de liberté
Car les enfants sont l'avenir de notre monde
Et leur joie est la clé de notre propre bonheur profond

3- Les Morts de la Guerre

Les morts de la guerre sont innombrables
Leurs vies ont été brisées, leurs rêves envolés
Ils ont laissé derrière eux des familles endeuillées
Et des souvenirs douloureux qui ne peuvent être effacés

Leur sacrifice ne doit pas être oublié
Leur mémoire doit être honorée
Nous devons œuvrer pour la paix
Pour que leur mort ne soit pas vaine et sans effet

4- La Paix

La paix est un trésor inestimable
Qui apporte joie, amour et bonheur durable
Elle unit les peuples, les cultures, les nations
Et permet à chacun de vivre dans la liberté et la compassion

La paix est un don de la vie
Que nous devons cultiver et préserver avec énergie
Elle ne peut être obtenue par la force ou la violence
Mais seulement par la coopération et la bienveillance

5- Les Rêves de Paix

Nous avons tous rêvé de paix
D'un monde où règnent la tolérance et la paix
Où la guerre n'est qu'un lointain souvenir
Et où l'amour et la fraternité sont le quotidien de nos vies

Ce rêve est possible si nous y croyons
Si nous œuvrons ensemble pour atteindre cet horizon
Nous pouvons transformer notre monde
En un lieu de paix, d’espoir et de bénédiction

6- L'aurore

L'aube se lève, le ciel s'embrase,
Les étoiles disparaissent, effacées,
Le soleil naissant fait éclore,
Toute la beauté de la nature encore.

Les arbres se parent de leurs feuilles,
La brise légère les émoustille,
Les oiseaux chantent leur mélodie,
Et les rivières coulent sans bruit.

L'aurore offre un spectacle merveilleux,
Un moment magique et précieux,
Où la nature se réveille en douceur,
Et nous offre sa bienveillante chaleur.

7- La forêt

Dans la forêt, règne une magie,
Une atmosphère mystérieuse et féerique,
Les arbres majestueux se dressent,
Et le sol est recouvert d'une mousse épaisse.

Les rayons du soleil se faufilent,
Entre les feuilles, les branches et les buissons,
Et créent un tableau magnifique,
Digne des plus grands impressionnistes.

Les animaux se cachent dans les sous-bois,
Et les oiseaux chantent leurs plus belles voix,
La forêt est un havre de paix,
Un lieu enchanteur où l'on peut rêver.

8- La mer

La mer, immense étendue d'eau salée,
S'étend à perte de vue, sans discontinuer,
Les vagues se succèdent, douces ou violentes,
Au gré des vents et des courants.

Le sable blanc se fond dans l'eau cristalline,
Et les coquillages se cachent dans les dunes fines,
Les mouettes planent dans le ciel,
Et les bateaux voguent sur les flots rebelles.

La mer est un lieu de liberté,
Où l'on peut se laisser porter par les vagues,
Où l'on peut se perdre dans l'immensité,
Et oublier tous les tracas de notre existence.

9-Le jardin

Le jardin est un lieu de contemplation,
Un endroit où l'on peut admirer la création,
Les fleurs multicolores rivalisent de beauté,
Et les papillons viennent leur rendre visite.

Les arbustes taillés en forme de sculptures,
Créent un décor presque surréaliste,
Et les fontaines murmurent leur douce musique,
Tout en rafraîchissant l'air ambiant.

Le jardin est un lieu de paix,
Où l'on peut se promener en toute quiétude,
Où l'on peut se ressourcer en toute sérénité,
Et où l'on peut retrouver notre humanité.

10-La montagne

La montagne, majestueuse et imposante,
S'élève vers le ciel, telle une géante,
Ses sommets enneigés scintillent au soleil,
Et ses pentes abruptes défient les plus habiles.

Les chamois gambadent sur les rochers,
Et les aigles planent dans les airs,
Le vent souffle en rafales,
Et les nuages s'amoncellent dans les vallées.

La montagne est un lieu de défis,
Où l'on peut se surpasser et se dépasser,
Où l'air frais peut être respirer.

11- Les étoiles

Dans le ciel nocturne, les étoiles brillent,
Comme des diamants sur un tissu lourd.
Leur lumière est ancienne, elle a voyagé loin,
À travers les galaxies, vers nos yeux émerveillés.

Ces astres étranges, mystérieux et puissants,
Sont des témoins de l'histoire de notre univers.
Ils sont là depuis des milliards d'années,
Observant notre monde avec leur regard éternel.

12- La lune

La lune dans le ciel, majestueuse et ronde,
Éclaire la nuit de sa douce lumière.
Elle est le gardien des marées, le symbole de la romance,
La muse des poètes, l'inspiration des amants.

La lune, si proche et pourtant si lointaine,
Un mystère qui défie notre compréhension.
Elle nous rappelle que l'univers est vaste,
Et que nous ne sommes qu'une infime partie de l'ensemble.

13 - Les comètes

Les comètes traversent le ciel,
Telles des flammes dansantes à travers l'obscurité.
Leur queue étincelante trace un chemin dans l'espace,
Révélant leur passage dans notre monde.

Ces objets célestes fascinants,
Sont des vagabonds cosmiques, libres et sauvages.
Ils rappellent que l'univers est en constante évolution,
Et que nous ne pouvons jamais être certains de ce qui nous attend.

14 : Les planètes

Les planètes, tournant autour du soleil,
Sont des sphères de pierre et de gaz.
Chacune avec son propre caractère unique,
Et son propre rôle dans le système solaire.

Vénus, la belle déesse de l'amour,
Mars, le dieu de la guerre enflammé.
Jupiter, le roi des géants gazeux,
Et Saturne, le seigneur des anneaux majestueux.

15 - Les éclipses

Les éclipses, ces moments rares,
Où la lune se glisse devant le soleil.
Le monde s'assombrit, la température baisse,
Et l'air devient chargé d'électricité.

Ces événements astronomiques spectaculaires,
Sont des rappels de la fragilité de notre monde.
Ils nous rappellent que nous sommes tous liés,
Dans une danse cosmique qui ne s'arrête jamais.

16 - Les galaxies

Les galaxies, des îles d'étoiles brillantes,
Se déplaçant à travers l'espace infini.
Elles sont des mondes à part entière,
Avec leurs propres lois et leurs propres mystères.

Chacune est unique, avec sa propre histoire,
Et ses propres secrets à découvrir.
Elles nous rappellent que l'univers est vaste et complexe,
Et que notre voyage à travers lui ne fait que commencer.

17-"Les étoiles"

Les étoiles brillent dans le ciel,
Elles illuminent notre univers,
Leur lumière est éternelle,
Et leur beauté est sans revers.

Elles sont comme des diamants,
Scintillant dans l'obscurité,
Leur éclat est éblouissant,
Et leur présence est sacrée.

Les étoiles sont un mystère,
Un symbole de l'infini,
Elles nous rappellent notre terre,
Et notre place dans ce paradis.

18- "La nuit étoilée"

La nuit étoilée est un tableau,
Un chef-d'œuvre de la nature,
Un spectacle grandiose et beau,
Une vision qui nous rassure.

Les étoiles scintillent et dansent,
Dans un ballet de lumière,
Elles éclairent notre existence,
Et dissipent toutes nos peurs.

La nuit étoilée est un poème,
Un hymne à la beauté du monde,
Elle nous révèle un autre système,
Et nous transporte dans l'infini des ondes.

19- "La voie lactée"

La voie lactée est une merveille,
Un ruban d'étoiles dans le ciel,
Elle nous emmène vers des merveilles,
Et nous fait découvrir un autre univers.

Les étoiles forment une symphonie,
Un concert de lumière et de vie,
Leur éclat nous guide vers l'infini,
Et nous invite à rêver de l'envie.

La voie lactée est un enchantement,
Une poésie qui nous émerveille,
Elle nous montre un autre firmament,
Et nous rappelle que notre vie est belle.

20- "L'étoile du berger"

L'étoile du berger brille dans la nuit,
Elle guide les voyageurs perdus,
Elle leur montre le chemin de la vie,
Et les ramène vers le plus juste.

Cette étoile est un phare dans le noir,
Un repère dans l'obscurité,
Elle montre aux âmes leur espoir,
Et leur montre la voie de la vérité.

L'étoile du berger est un miracle,
Une lueur dans l'obscurité,
Elle guide notre vie et nous éduque,
Et nous montre la voie de la liberté.

21- "Les étoiles filantes"

Les étoiles filantes traversent le ciel,
Elles illuminent notre regard,
Leur passage est éphémère et réel,
Et leur beauté est sans égard.

Elles sont comme des feux d'artifice,
Scintillant dans l'obscurité,
Leur éclat est spectaculaire et magique,
Et leur présence est illuminée.

Les étoiles filantes sont un rêve,
Un symbole de l'espoir,
Elles nous rappellent que la vie est brève,
Et que chaque instant est à voir.

22- "Les constellations"

Les constellations sont un récit,

Un conte d'étoiles dans le ciel,

Elles nous racontent une histoire infinie,

Et nous emmènent dans un monde éternel

23-Paradis perdu

Le paradis, où tout est calme et serein,
Où l'air est pur et le ciel toujours bleu,
Où les âmes sont libres de tout chagrin,
Aujourd'hui n'est plus qu'un lointain adieu.

La faute originelle nous en a privés,
Nous plongeant dans les abysses de l'enfer,
Où les flammes brûlent les cœurs tourmentés,
Et où les démons nous font souffrir.

Mais même au plus profond des ténèbres,
Il reste un espoir pour les âmes perdues,
Un chemin vers la lumière et le calme,
Un refuge où trouver la paix et la joie.

24- L'enfer intérieur

L'enfer, c'est ici, tout près de nous,
Dans nos cœurs brisés et nos âmes en peine,
Dans nos doutes, nos craintes et nos tabous,
Qui nous emprisonnent dans une vie malsaine.

Nous nous cachons derrière des masques,
Pensant que tout est bien, que tout va bien,
Mais la réalité est plus sombre, plus triste,
Et nous en souffrons, en silence, sans fin.

Pourtant, même dans ce chaos intérieur,
Il y a une lueur, une étincelle de vie,
Qui peut nous guider vers le bonheur,
Si nous avons le courage d'affronter nos peurs.

25- Le chemin du paradis

Le paradis, c'est le chemin de l'amour,
De la compassion, de la bienveillance,
Où chaque geste, chaque parole,
Est empreint de douceur et de tolérance.

C'est le chemin de la paix et de la joie,
Où la nature nous parle de l'éternité,
Et où notre âme s'envole vers les cieux,
En quête d'une infinie beauté.

Ce chemin est parfois difficile à trouver,
Car il est caché derrière les apparences,
Mais si nous sommes prêts à chercher,
Cette lumière finira par nous trouver.

26- L'enfer des regrets

L'enfer, c'est le poids des regrets,
Qui nous écrase, nous fait souffrir,
Nous rappelle sans cesse nos défaites,
Et nous empêche de vivre l'instant présent.

Nous nous lamentons sur nos erreurs passées,
Sur ce que nous aurions dû faire différemment,
Mais cela ne sert qu'à nous faire souffrir,
Et à nous maintenir dans une prison de tourments.

Pourtant, il est possible de s'en libérer,
De se libérer du fardeau des regrets,
En acceptant le passé tel qu'il est,
Et en ouvrant notre cœur à un avenir meilleur.

27- Le paradis retrouvé

Le paradis, c'est la rencontre de l'amour,

De la beauté, de la grâce et de la bonté,

Où les cieux s'ouvrent sur des horizons sans fin,

Et où l'âme trouve enfin sa véritable destinée.

28- Été

L'été, tout est lumière,
Les journées sans fin,
Les sourires éclatants,
La chaleur qui réchauffe le cœur.

Le temps s'écoule lentement,
Les heures s'étirent,
Le temps devient infini,
Et la vie semble sans fin.

Les vacances nous appellent,
Vers la mer, les montagnes,
Où la nature s'épanouit,
Et notre âme s'envole.

L'été, tout est possible,
Les rêves les plus fous,
Les espoirs les plus grands,
Tout est à portée de main.

29-Hiver

L'hiver, tout est silence,
Les jours sont courts,
Le froid pénètre jusqu'aux os,
Et la neige recouvre tout.

Le monde est figé,
La vie est en suspens,
Tout semble mort,
Et pourtant, la vie persiste.

Le feu dans la cheminée,
Les bougies qui brillent,
La chaleur de l'amitié,
Et la famille qui réchauffe le cœur.

L'hiver, tout est calme,
Les pensées se font lentes,
Les projets germent dans le silence,
Et la vie continue malgré tout.

30-Automne

L'automne, tout est couleur,
Les feuilles tombent des arbres,
Le vent les emporte au loin,
Et la nature se transforme.

Les couleurs flamboyantes,
Les rouges, les jaunes, les oranges,
Le spectacle est grandiose,
Et notre âme s'émerveille.

La vie ralentit,
Le temps se fait plus court,
Les nuits deviennent plus longues,
Et la solitude se fait sentir.

L'automne, tout est changement,
Les cycles de la vie,
La mort qui n'est qu'un passage,
Et la renaissance qui suit.

31-Printemps

Le printemps, tout est renouveau,
Les bourgeons éclosent,
Les fleurs s'épanouissent,
Et la nature renaît.

Les jours se font plus longs,
Les oiseaux chantent leur joie,
Les premiers rayons de soleil,
Et le monde s'éveille.

La vie reprend son cours,
Les projets prennent forme,
L'espoir renaît,
Et tout est possible.

Le printemps, tout est promesse,
L'avenir qui se dessine,
Les rêves qui se réalisent,
Et la vie qui reprend son envol.

32- Tout est ténèbres

L'enfer, tout est ténèbres,
Les flammes qui dévorent,
Les cris qui résonnent,
Et la douleur qui ne cesse.

Le malheur qui nous entoure,
La peur qui nous étreint,
La souffrance qui nous brise,
Et la mort qui nous guette.

Le temps n'a plus de sens,
Les jours s'étirent à l'infini,
La vie n'a plus de valeur,
Et tout semble perdu.

L'enfer, tout est enfermement,
La solitude qui nous isole,
Le désespoir qui nous étreint,
Et la douleur qui nous consume.

33- Amour Passionnel

Dans tes yeux, je vois l'univers
Mon cœur bat la chamade, l'enfer !
Je suis prisonnier de ta beauté
Et je me noie dans ta pureté

Mon amour pour toi est ardent
Et tu es l'objet de mon tourment
Je suis à toi corps et âme
Et mon cœur ne connaît pas de flamme

Tu es mon feu sacré, ma lumière
Et je te suivrai jusqu'aux confins de l'univers,
Je t'aime plus que tout au monde
Et tu es l'amour de ma vie, ma brune, rousse, black et blonde

34- Amour Familial

Tu es ma mère, mon père, ma sœur, mon frère
Ma famille, mon sang, mon repère
Tu es le lien qui nous unit
Et tu as toujours été mon guide

Tu es la voix de la sagesse
Et je suis reconnaissant de ta tendresse
Tu m'as appris l'amour et la bonté
Et grâce à toi, je suis épanoui et comblé

Notre amour est sacré, indestructible
Et nous sommes liés par un lien invisible
Je suis fier de faire partie de ta famille
Et je t'aime plus que tout, pour la vie.

35-Amour Amical

Tu es mon ami, mon frère, mon confident
Et je te remercie pour ta présence constante
Tu m'as soutenu dans les moments difficiles
Et tu m'as donné le courage de me relever et de briller

Notre amitié est un trésor inestimable
Et je suis reconnaissant de t'avoir dans ma vie
Tu m'as appris l'amitié et la loyauté
Et je te serai toujours fidèle et reconnaissant

Tu es la lumière qui illumine mon chemin
Et grâce à toi, je suis heureux et serein
Je t'aime mon ami, mon frère, mon confident
Et notre amitié durera éternellement.

36-Amour de Soi

Je suis moi, je suis unique, je suis spécial

Et je m'aime tel que je suis, sans condition ni mal

Je suis fier de mes imperfections

Et je les accepte avec gratitude et compassion

Je suis mon propre refuge, mon propre ami

Et je me traite avec bienveillance et respect infini

Je suis conscient de mes limites et de mes faiblesses

Et je les transforme en forces et en sagesse

Je suis en paix avec moi-même et avec le monde

Et je rayonne d'amour et de lumière profonde

Je suis moi, je suis amour, je suis vie

Et je suis reconnaissant d'exister, de respirer, de sourire.

37-Amour Impossible

Je t'aime en secret, je t'aime en silence

Et je souffre en silence, en résilience

Tu es mon rêve inaccessible, mon idéal

Et je suis condamné à te contempler sans me faire du mal,

Tu es la beauté incarnée, la grâce divine

Et je suis l'humble mortel, l'ombre qui t'admire

Tu es la lumière qui illumine ma vie

Et je suis le papillon qui brûle dans ton incendie

Je sais que notre amour est impossible, vain

Et pourtant, je ne peux pas t'oublier, en vain.

38- Le Boss

Le boss arrive, le boss est là

Les employés se figent, pas un son ne se fait entendre

Le patron est enfin là, sa présence est palpable

Il observe chacun, les juge du regard

Mais il sourit, car il sait qu'il est le roi de son royaume

39- La Guerre sans fin

Le fracas des armes, le grondement des canons,
La peur, l'horreur, la mort à l'horizon,
Des hommes qui tombent, des cris déchirants,
La guerre sans fin, le chaos effrayant.

40-Les Enfants de la guerre

Des enfants égarés, des regards perdus,
Des âmes brisées, des vies perdues,
La guerre les a pris, la guerre les a tués,
Des rêves envolés, des espoirs brisés.

41-L'Enfer sur terre

Des flammes, de la fumée, des cris,

Des corps ensanglantés, des yeux évanouis,

L'enfer sur terre, la guerre infernale,

Un monde en feu, un monde en cendres.

42-Les blessures de la guerre

Des blessures qui saignent, des douleurs insupportables,

Des souvenirs qui hantent, des vies misérables,

La guerre laisse des cicatrices profondes,

Des blessures qui ne guérissent jamais tout à fait.

43-Les survivants

Des corps meurtris, des esprits brisés,

Des survivants qui ont tout perdu,

La guerre les a épargnés, mais à quel prix,

Une vie déchirée, une vie en ruine.

44-La Guerre des larmes

Des larmes qui coulent, des cœurs qui saignent,

La guerre des larmes, la guerre de la douleur,

Des familles en deuil, des amis perdus,

La guerre qui n'apporte que des larmes amères.

45-Les champs de bataille

Des champs de bataille, des cimetières de guerre,

Des tombes sans nombre, des vies sans valeur,

La guerre détruit tout sur son passage,

Des champs de bataille, des souvenirs en cage.

46-Le cri de la douleur

Le cri de la douleur, le cri de la peur,
Des voix qui s'élèvent dans l'obscurité,
La guerre ne laisse que la douleur,
Des cris qui résonnent dans l'éternité.

47-La guerre et l'absurdité

La guerre et l'absurdité, une tragédie humaine,
Des vies sacrifiées pour des causes vaines,
La guerre ne mène qu'à la mort,
Des âmes perdues, des destins avortés.

48-Les ombres de la guerre

Des ombres qui rôdent, des fantômes de la guerre,

Des souvenirs qui hantent, des vies en enfer,

La guerre laisse des ombres indélébiles,

Des cicatrices qui ne guérissent jamais.

49-Mon voyage en mer

Je suis parti en voyage
Vers un horizon lointain,
Je suis allé sur la plage
Pour voir l'océan sans fin.
La mer était agitée,
Les vagues étaient géantes,
Je me suis senti effrayé
Mais aussi très vivant.

J'ai vu des dauphins nager
Et des baleines sauter,
Le monde est si grand et varié
Que je ne peux pas tout raconter.

50-Le désert

J'ai marché dans le désert,

Où le soleil brûlait la peau,

Je me suis senti très petit

Devant cette immensité de sable chaud.

J'ai vu des mirages et des oasis,

Des scorpions et des serpents,

J'ai appris la patience et la sagesse

De la nature qui m'entoure dans ce moment.

Le voyage est un chemin de découvertes,

Où chaque pas nous emmène plus loin,

Le désert nous enseigne la force de l'endurance,

Et le respect envers la vie qui soutient.

51-La jungle

Dans la jungle, je me suis aventuré,
Parmi les arbres immenses et les fleurs colorées,
J'ai entendu les cris des singes et des oiseaux,
Et je me suis émerveillé devant cette beauté sans égale.
J'ai croisé des rivières et des cascades,
Des serpents et des léopards,
J'ai respiré l'air humide et frais,
Et j'ai ressenti une énergie incroyable.

La jungle est un monde plein de surprises,
Où chaque découverte est un trésor,
Le voyageur doit être courageux et avisé,
Pour apprécier la richesse de la nature dans son décor.

Printed by Books on Demand GmbH, Norderstedt / Germany